朝讀經典

愛惜光陰

國小・低年級

馮天瑜／主編

①

本書編委會

主　編　馮天瑜

副主編　曾　暉

編　委　（以姓氏筆畫為序）

王林偉　左松濤　邢曉明　劉　耀
江俊偉　余來明　陳文新　鍾書林
姜海龍　姚彬彬　徐　駱　謝遠筍

本套讀本的編寫，遵循如下原則：

一、注重中華文化的弘揚與教育。本套讀本從浩如煙海的傳統文化典籍中，遴選能夠涵養做人處事價值觀的、千古傳誦的經典原文，使學生透過誦讀學習，由淺入深地提高對中華文化的認知度，潛移默化地增強對文化的自覺與自信，認真汲取其思想精華和道德精髓，真正實現中華文化在青少年身上的傳承與弘揚。

二、尊重中華文化自身固有的特性。從「國文」（語言文字）、「國史」（歷史統系）、「國倫」（倫理道德）三個層面選取古典篇目，兼顧德性培育、知性開發與美感薰陶。因為中華文化本身即是「國文」「國史」與「國倫」的綜合，德性、知性與美感的統一。

三、 尊重學生發展不同階段的特點。選取篇目力求
　　平和中正，典雅優美，貼近生活，明白曉暢，
　　讀來趣味盎然；由易到難，由淺入深，循序漸進，
　　合理編排，使學生先領會傳統文化的趣、美、
　　真，進而達於善。

四、 兼顧篇章組合的系統性和多元性。以家國情懷、
　　社會關愛、人格修養為主線，分主題展示中華
　　文化。篇目選取不限某家某派，不拘文類，義
　　理、詩文、史傳等兼收並蓄，異彩分呈。同時
　　注意選文的易誦易記，便於學生誦讀。

　　中華文化源遠流長，凝聚著古聖先賢的智慧，亦
是安身立命的基礎與根本。本套書古今貫通，傳承優
秀文化；兼收並蓄，汲取異域英華，對推動中華文化
創造性轉化、創新性發展，以及培育才德兼備的下一
代，意義深遠。

本書編委會

目　錄

第一單元

孝ㄒㄧㄠˋ悌ㄊㄧˋ先ㄒㄧㄢ

孝ㄒㄧㄠˋ敬ㄐㄧㄥˋ父ㄈㄨˋ母ㄇㄨˇ，友ㄧㄡˇ愛ㄞˋ兄ㄒㄩㄥ弟ㄉㄧˋ，是ㄕˋ做ㄗㄨㄛˋ人ㄖㄣˊ的ㄉㄜ基ㄐㄧ本ㄅㄣˇ品ㄆㄧㄣˇ德ㄉㄜˊ。尊ㄗㄨㄣ老ㄌㄠˇ愛ㄞˋ幼ㄧㄡˋ是ㄕˋ中ㄓㄨㄥ華ㄏㄨㄚˊ民ㄇㄧㄣˊ族ㄗㄨˊ的ㄉㄜ傳ㄔㄨㄢˊ統ㄊㄨㄥˇ美ㄇㄟˇ德ㄉㄜˊ。我ㄨㄛˇ們ㄇㄣ要ㄧㄠˋ做ㄗㄨㄛˋ個ㄍㄜˋ好ㄏㄠˇ孩ㄏㄞˊ子ㄗˇ，尊ㄗㄨㄣ敬ㄐㄧㄥˋ長ㄓㄤˇ輩ㄅㄟˋ，關ㄍㄨㄢ愛ㄞˋ他ㄊㄚ人ㄖㄣˊ，友ㄧㄡˇ善ㄕㄢˋ待ㄉㄞˋ人ㄖㄣˊ。

❶ 孝ㄒㄧㄠˋ悌ㄊㄧˋ為ㄨㄟˊ先ㄒㄧㄢ①

《三字經》

香ㄒㄧㄤ九ㄐㄧㄡˇ齡ㄌㄧㄥˊ，能ㄋㄥˊ溫ㄨㄣ席ㄒㄧˊ②，

孝ㄒㄧㄠˋ於ㄩˊ親ㄑㄧㄣ，所ㄙㄨㄛˇ當ㄉㄤ執ㄓˊ③。

融ㄖㄨㄥˊ四ㄙˋ歲ㄙㄨㄟˋ，能ㄋㄥˊ讓ㄖㄤˋ梨ㄌㄧˊ，

弟ㄊㄧˋ④於ㄩˊ長ㄓㄤˇ，宜ㄧˊ先ㄒㄧㄢ知ㄓ。

首ㄕㄡˇ孝ㄒㄧㄠˋ弟ㄊㄧˋ，次ㄘˋ見ㄐㄧㄢˋ聞ㄨㄣˊ⑤，

知ㄓ某ㄇㄡˇ數ㄕㄨˋ⑥，識ㄕˋ某ㄇㄡˇ文ㄨㄣˊ⑦。

①選自《三字經·百家姓·千字文·弟子規》（中華書局
  2009 年版）。標題為編者所加。悌，友愛兄長。
②席：床上鋪墊用具。
③執：做到。
④弟：同「悌」。
⑤見聞：看到的和聽到的。
⑥數：算術。
⑦文：文字，文章。

　　黃香在九歲的時候，能為父親暖被
子，孝敬父母是應當做到的事。孔融在
四歲的時候，能夠把大梨讓給哥哥吃，
尊敬兄長，是從小就應該知道的事。一
個人首先要學會的是孝敬父母和友愛兄
長。其次才是學習各種知識，比如認識
數字，學會運算，讀寫文字文章。

學習做有愛心的陽光少年，關鍵是要行
動，而且貴在堅持。

《三字經》

　　《三字經》相傳是南宋王應麟編撰。在中國古代經典當中，《三字經》是淺顯易懂的讀本之一。《三字經》內容包括中國傳統文化的文學、歷史、哲學、天文、地理等，核心思想是「仁、義、誠、敬、孝」。在格式上，三字一句，押韻、順口，通俗、易記。《三字經》與《百家姓》《千字文》並稱為中國傳統蒙學三大讀物，合稱「三百千」。

❷ 尊ㄗㄨㄣ 父ㄈㄨ 母ㄇㄨ①

〔清〕 李毓秀

父ㄈㄨ母ㄇㄨ呼ㄏㄨ，應ㄧㄥ②勿ㄨ緩ㄏㄨㄢˇ，
父ㄈㄨ母ㄇㄨ命ㄇㄧㄥˋ③，行ㄒㄧㄥˊ勿ㄨ懶ㄌㄢˇ。
父ㄈㄨ母ㄇㄨ教ㄐㄧㄠ，須ㄒㄩ敬ㄐㄧㄥˋ聽ㄊㄧㄥ，
父ㄈㄨ母ㄇㄨ責ㄗㄜˊ，須ㄒㄩ順ㄕㄨㄣˋ承ㄔㄥˊ④。

①選自《三字經・百家姓・千字文・弟子規》（中華書局
2009年版）中的《弟子規》。標題為編者所加。
②應：應答。
③命：指派。
④承：接受，承受。

　　父母呼喚你，應答不要遲緩。　父母交代的事情，要趕快去做，不要偷懶。　父母教導你，應該恭敬的聽取。　父母批評你，應當虛心接受，認真改正。

家是我們的第一所學校，　父母是我們人生的第一任老師。　在成長的過程中，我們要多聽取他們的意見。

6

《弟子規》

　　《弟子規》是以倫理道德教育為主的蒙學讀本，原為清康熙時秀才李毓秀編撰的《訓蒙文》，後經乾隆時期賈存仁修訂整理，改稱《弟子規》。《弟子規》的內容緊扣《論語‧學而》篇第六章的「弟子入則孝，出則悌，謹而信，泛愛眾而親仁，行有餘力則以學文」這二十五個字，規定了子弟居家在外、接人待物所應遵循的禮儀規範和言行準則，其核心為孝、悌、仁、愛、信。全文一千餘字，一問世便大受歡迎，其影響一直延續到今天。

❸ 敬ㄐㄧㄥˋ兄ㄒㄩㄥ長ㄓㄤˇ①

〔清〕李毓秀

兄ㄒㄩㄥ道ㄉㄠˋ②友ㄧㄡˇ，弟ㄉㄧˋ道ㄉㄠˋ恭ㄍㄨㄥ③，

兄ㄒㄩㄥ弟ㄉㄧˋ睦ㄇㄨˋ，孝ㄒㄧㄠˋ在ㄗㄞˋ中ㄓㄨㄥ。

財ㄘㄞˊ物ㄨˋ輕ㄑㄧㄥ，怨ㄩㄢˋ何ㄏㄜˊ生ㄕㄥ，

言ㄧㄢˊ語ㄩˇ忍ㄖㄣˇ④，忿ㄈㄣˋ⑤自ㄗˋ泯ㄇㄧㄣˇ⑥。

或ㄏㄨㄛˋ飲ㄧㄣˇ食ㄕˊ，或ㄏㄨㄛˋ坐ㄗㄨㄛˋ走ㄗㄡˇ，

長ㄓㄤˇ者ㄓㄜˇ先ㄒㄧㄢ，幼ㄧㄡˋ者ㄓㄜˇ後ㄏㄡˋ。

①選自《三字經 · 百家姓 · 千字文 · 弟
　子規》（中華書局2009年版）中的《弟
　子規》。標題為編者所加。

②道：原則。

③恭：恭敬，尊重。

④忍：克制。

⑤忿：憤怒，怨恨。

⑥泯：消失。

 文 意

　　哥哥愛護弟弟， 弟弟尊敬哥哥， 是
兄弟相處的原則。 兄弟和睦， 也是對父
母的孝順。 把錢財看得輕， 怨恨就不容
易產生。 說話時相互體諒， 憤怒自然也
就消失了。 吃飯、 就座、 走路時， 長者
優先， 年幼者在後。

家和萬事興， 親人之間要友善
互愛， 誠信相待。

《百家姓》

　　《百家姓》成書於北宋初年，原收集姓氏四百多個，經過歷代不斷修訂，現在通行的版本收入五百多個姓氏。形式上四字一句，對姓氏進行排列，隔句押韻。《百家姓》對中國姓氏文化的傳承、中國文字的認識等方面作用巨大。

趙錢孫李　　周吳鄭王
馮陳褚衛　　蔣沈韓楊
朱秦尤許　　何呂施張
孔曹嚴華　　金魏陶姜

．．．．．．．．．．．

❹ 推(ㄊㄨㄟ)己(ㄐㄧˇ)及(ㄐㄧˊ)人(ㄖㄣˊ)①

《孟子 · 梁惠王上》

老(ㄌㄠˇ)② 吾(ㄨˊ)老(ㄌㄠˇ)③ ，以(ㄧˇ)及(ㄐㄧˊ)人(ㄖㄣˊ)之(ㄓ)老(ㄌㄠˇ)；

幼(ㄧㄡˋ)④ 吾(ㄨˊ)幼(ㄧㄡˋ)⑤ ，以(ㄧˇ)及(ㄐㄧˊ)人(ㄖㄣˊ)之(ㄓ)幼(ㄧㄡˋ)。

注 釋

①選自《四書章句集注》（中華書
　局 1983 年版）。標題為編者所
　加。及，推及。
②老：尊敬，贍（ㄕㄢˋ）養。
③老：長輩，老人。
④幼：愛護，撫育。
⑤幼：子女，晚輩。

文 意

　　尊敬自己的長輩，像這樣推廣到尊
敬別人的長輩。愛護自己的子女，像這
樣推廣到愛護別人的子女。

人與人之間，要親近和睦，相互尊重，
相互包容，相互幫助，只要人人都獻出
一份愛，世界將變成美好的人間。

《千字文》

　　《千字文》由南北朝時期梁朝周興嗣編撰，是用一千個漢字組成的韻文。內容涉及天文、地理、自然、社會、歷史等多方面的知識。全文為四字句，對仗工整，條理清晰，平白如話，易誦易記。

天地玄黃　　宇宙洪荒
日月盈昃　　辰宿列張
寒來暑往　　秋收冬藏
閏餘成歲　　律呂調陽

行知園

口能誦

我會背：
父母呼……

我會背：
兄道友……

我會背：
香九齡……

我會背：
老吾老……

學而思

想一想，你在學校該如何跟同學相處，在家裡該如何對待家人呢？

小朋友摔倒了，我會扶他起來。

我會把好吃的水果分給表弟、表妹。

我會幫爸爸、媽媽拖地。

行且勉

填一填

本單元中尊父母、敬兄長的好孩子有　　黃香　　、　　　　　。

在生活中，我的同學　　　　、　　　　　也是尊老愛幼、友善待人的好孩子。

第二單元

遵（ㄗㄨㄣ）禮（ㄌㄧˇ）儀（ㄧˊ）

「沒（ㄇㄟˊ）有（ㄧㄡˇ）規（ㄍㄨㄟ）矩（ㄐㄩˇ），不（ㄅㄨˋ）成（ㄔㄥˊ）方（ㄈㄤ）圓（ㄩㄢˊ）」禮（ㄌㄧˇ）不（ㄅㄨˋ）僅（ㄐㄧㄣˇ）是（ㄕˋ）行（ㄒㄧㄥˊ）為（ㄨㄟˊ）規（ㄍㄨㄟ）範（ㄈㄢˋ），也（ㄧㄝˇ）是（ㄕˋ）道（ㄉㄠˋ）德（ㄉㄜˊ）修（ㄒㄧㄡ）養（ㄧㄤˇ）。講（ㄐㄧㄤˇ）禮（ㄌㄧˇ）儀（ㄧˊ）、遵（ㄗㄨㄣ）禮（ㄌㄧˇ）法（ㄈㄚˇ）、守（ㄕㄡˇ）規（ㄍㄨㄟ）則（ㄗㄜˊ）更（ㄍㄥˋ）是（ㄕˋ）社（ㄕㄜˋ）會（ㄏㄨㄟˋ）文（ㄨㄣˊ）明（ㄇㄧㄥˊ）的（ㄉㄜ˙）體（ㄊㄧˇ）現（ㄒㄧㄢˋ）。我（ㄨㄛˇ）們（ㄇㄣ˙）從（ㄘㄨㄥˊ）小（ㄒㄧㄠˇ）就（ㄐㄧㄡˋ）要（ㄧㄠˋ）注（ㄓㄨˋ）意（ㄧˋ）言（ㄧㄢˊ）行（ㄒㄧㄥˊ）舉（ㄐㄩˇ）止（ㄓˇ），做（ㄗㄨㄛˋ）個（ㄍㄜˋ）講（ㄐㄧㄤˇ）文（ㄨㄣˊ）明（ㄇㄧㄥˊ）的（ㄉㄜ˙）好（ㄏㄠˇ）孩（ㄏㄞˊ）子（ㄗˇ）。

❺ 重ㄓㄨㄥˋ禮ㄌㄧˇ儀ㄧˊ①

《荀子 · 修身篇》

故ㄍㄨˋ人ㄖㄣˊ無ㄨˊ禮ㄌㄧˇ則ㄗㄜˊ不ㄅㄨˋ生ㄕㄥ②，事ㄕˋ無ㄨˊ禮ㄌㄧˇ則ㄗㄜˊ不ㄅㄨˋ成ㄔㄥˊ③，國ㄍㄨㄛˊ家ㄐㄧㄚ無ㄨˊ禮ㄌㄧˇ則ㄗㄜˊ不ㄅㄨˋ寧ㄋㄧㄥˊ。

注 釋 ....

①選自《荀子集解》（中華書局 1988 年版）。標題為編者
　所加。
②生：生存。這裡指與人相處。
③成：成功。

文 意 ....

　　因此，做人不講禮節就無法與人和
睦相處，做事沒有禮儀就不能成功，治
國理家沒有禮制就不能安定。

重禮儀對於我們做人做事、理家治國、
建設和諧社會都非常重要。

中國古代的禮儀

中國古代禮儀的範圍廣泛，從飲食起居到國家制度，都有相應的禮儀規範。禮儀可分政治與生活兩大類。政治類禮儀有祭祀天地之禮、軍禮等，生活類禮儀有出生禮、入學禮、成年禮及婚喪禮等。

《周禮》《儀禮》和《禮記》是中國古代三部禮儀名著，合稱「三禮」。「三禮」記錄和保存了許多周代的禮儀。其中，《周禮》偏重政治制度，《儀禮》偏重行為規範，《禮記》則偏重對禮儀的解釋和論述。它們是中國古代國家制定禮儀制度的藍本。

❻ 習ㄒㄧˊ少ㄕㄠˋ儀ㄧˊ①

〔清〕 羅澤南

教ㄐㄧㄠ人ㄖㄣˊ之ㄓ道ㄉㄠˋ，首ㄕㄡˇ重ㄓㄨㄥˋ發ㄈㄚ蒙ㄇㄥˊ②，蒙ㄇㄥˊ以ㄧˇ養ㄧㄤˇ正ㄓㄥˋ③，是ㄕˋ曰ㄩㄝ聖ㄕㄥˋ功ㄍㄨㄥ④。小ㄒㄧㄠˇ學ㄒㄩㄝˊ⑤之ㄓ功ㄍㄨㄥ，大ㄉㄚˋ學ㄒㄩㄝˊ⑥之ㄓ基ㄐㄧ，涵ㄏㄢˊ養ㄧㄤˇ德ㄉㄜˊ性ㄒㄧㄥˋ，務ㄨˋ習ㄒㄧˊ少ㄕㄠˋ儀ㄧˊ。

①選自《中國兒童啟蒙名著通覽》（中國少年兒童出版社 1997 年版）。標題為編者所加。少儀，少年兒童應遵守的禮儀。

②發蒙：啟蒙。這裡指教初識字的兒童讀書。

③養正：涵養正道。這裡指實行正確的教育。

④聖功：至高無上的功德。

⑤小學：這裡指基本的禮儀、文化知識。

⑥大學：這裡指理論研究，做學問。

　　教育人的方法中，最重要的是對兒童的啟蒙。對孩子從小就實行正確的教育，是一種至高無上的功德。小時候所學的知識，是以後做學問的基礎。一個人要養成良好的道德和品行，務必從小就學習禮儀規範。

俗話說：「三歲看大，七歲看老。」一個人在小時候就要養成懂禮儀、守規範的好習慣。

揖禮

　　揖禮，俗稱「作揖」，又稱「拱手禮」。方式是兩手抱拳高拱，身子略彎，向人敬禮。揖禮屬於相見禮，表示客氣謙讓，使用比較廣泛，而且沒有特定場合與形式的要求。據《周禮》記載，根據雙方的地位和關係，作揖的方法有許多種，有特揖、旅揖、土揖、時揖、天揖之分。揖禮這一古老的傳統禮節在當今社會依然被人們熟知和沿用，婚禮、聚會等重大場合，向人致謝、祝賀、道歉及託人辦事等，人們常行揖禮。

7 居(ㄐㄩ)處(ㄔㄨˇ)禮(ㄌㄧˇ)①

〔宋〕程端蒙、董銖

居(ㄐㄩ)處(ㄔㄨˇ)必(ㄅㄧˋ)恭(ㄍㄨㄥ)，步(ㄅㄨˋ)立(ㄌㄧˋ)必(ㄅㄧˋ)正(ㄓㄥˋ)。

視(ㄕˋ)聽(ㄊㄧㄥ)必(ㄅㄧˋ)端(ㄉㄨㄢ)，言(ㄧㄢˊ)語(ㄩˇ)必(ㄅㄧˋ)謹(ㄐㄧㄣˇ)。

容(ㄖㄨㄥˊ)貌(ㄇㄠˋ)必(ㄅㄧˋ)莊(ㄓㄨㄤ)②，衣(ㄧ)冠(ㄍㄨㄢ)必(ㄅㄧˋ)整(ㄓㄥˇ)。

飲(ㄧㄣˇ)食(ㄕˊ)必(ㄅㄧˋ)節(ㄐㄧㄝˊ)，出(ㄔㄨ)入(ㄖㄨˋ)必(ㄅㄧˋ)省(ㄒㄧㄥˇ)③。

注　釋

①選自《中華蒙學集成》（遼寧教育出版社 1993 年版）。
　標題為編者所加。
②莊：端莊。
③省：問候長輩。

文　意

　　在家時，態度要恭敬；行走或站立時，身體要正直。看和聽的姿勢，必須端正；與人交談，言語要謹慎。容貌神態，一定要保持莊重；穿衣戴帽，一定要整潔。飲食一定要有節制；出去或者回來時，一定要問候長輩。

細節決定成敗，習慣從小養成。即使在家中，也要注意生活細節，做到言語恰當，謙遜友善，舉止得體。

古今常用禮貌用語

貴姓： 問人姓氏時的敬辭。

幸會： 表示與對方相會很榮幸的客套話。

久違： 久別重逢時的寒暄語。

賞光： 請對方接受自己邀請的客套話。

勞駕： 請別人做事或讓路的客套話。

包涵： 請求寬容、原諒。

失敬： 向對方表示歉意，責備自己禮貌不周時的客套話。

多謝： 表示謝意的客套話。

留步： 主人送客時，客人請主人不必遠送或不要再送的客套話。

慢走： 送客時請對方路上注意安全的客套話。

⑧讀書禮①

〔宋〕程端蒙、董銖

讀書必專一，寫字必楷敬②。

几案③必整齊，堂室④必潔淨。

相呼必以齒⑤，接見必有定⑥。

修業有餘功⑦，遊藝有適性。

①選自《中華蒙學集成》（遼寧教育出版社 1993 年版）。
標題為編者所加。
②楷敬：用楷體恭敬的寫。
③几案：泛指桌子。這裡指書桌。
④堂室：廳堂和內室。古代房屋，前為堂，後為室。
⑤齒：年齡。
⑥定：規定。
⑦餘功：課後複習。

　　讀書一定要專心致志，寫字一定要恭恭敬敬的寫正楷。書桌一定要擺放整齊，房間一定要乾淨整潔。見面時要按年齡大小來稱呼別人，待人接物一定要講究規矩禮節。學習功課要注意複習，遊戲玩耍應該適可而止。

遵守文明禮儀，要從我開始做起，從小事做起。

古代的學校禮儀

古代學校十分重視禮儀教育，通過隆重嚴謹的典禮和儀式，教育學生學禮、知禮、行禮。常見的學校禮儀制度有釋奠禮、束脩禮和視學禮。

釋奠禮是陳設酒食祭奠先聖先師的一種典禮。凡學校初建落成，都必須舉行釋奠禮。唐代對該禮十分重視，禮制也更加完備，逐漸發展成為全國性的祭祀活動。

束脩禮是古代學生與老師初次見面時的一種禮節。脩，乾肉。束脩就是十條乾肉，是學生入學時向老師送的禮物。

視學禮是古代天子視察學校的禮儀，規模宏大，儀式隆重，體現統治者對學校教育的重視。

行知園

口能誦

我會背：故人
無禮則不生……

我會背：教人之道……

我會背：讀書
必專一……

我會背：居處
必恭……

學而思

在中華民族的傳統禮儀中，步、立、揖、拜各有各的姿勢，
請將下面的漢字和對應的姿勢圖片用線連起來。

 步　　　　 立　　　　 揖　　　　 拜

29

行且勉

　　升國旗是愛國的一種形式，同學們敬禮的場面多麼激動人心啊！請你動筆畫一畫吧！

第三單元

惜(ㄒㄧˊ)光(ㄍㄨㄤ)陰(ㄧㄣ)

「一(ㄧ)寸(ㄘㄨㄣˋ)光(ㄍㄨㄤ)陰(ㄧㄣ)一(ㄧ)寸(ㄘㄨㄣˋ)金(ㄐㄧㄣ)， 寸(ㄘㄨㄣˋ)金(ㄐㄧㄣ)難(ㄋㄢˊ)買(ㄇㄞˇ)寸(ㄘㄨㄣˋ)光(ㄍㄨㄤ)陰(ㄧㄣ)。」時(ㄕˊ)間(ㄐㄧㄢ)如(ㄖㄨˊ)流(ㄌㄧㄡˊ)水(ㄕㄨㄟˇ)，失(ㄕ)去(ㄑㄩˋ)了(ㄌㄜˋ)， 就(ㄐㄧㄡˋ)找(ㄓㄠˇ)不(ㄅㄨˋ)回(ㄏㄨㄟˊ)來(ㄌㄞˊ)。 我(ㄨㄛˇ)們(ㄇㄣˋ)要(ㄧㄠˋ)珍(ㄓㄣ)惜(ㄒㄧˊ)時(ㄕˊ)間(ㄐㄧㄢ)， 合(ㄏㄜˊ)理(ㄌㄧˇ)利(ㄌㄧˋ)用(ㄩㄥˋ)時(ㄕˊ)間(ㄐㄧㄢ)，做(ㄗㄨㄛˋ)時(ㄕˊ)間(ㄐㄧㄢ)的(ㄉㄜˋ)主(ㄓㄨˇ)人(ㄖㄣˊ)。

❾ 重ㄓㄨㄥˋ寸ㄘㄨㄣˋ陰ㄧㄣ①

《淮南子・原道訓》

聖ㄕㄥˋ人ㄖㄣˊ不ㄅㄨˋ貴ㄍㄨㄟˋ②尺ㄔˇ之ㄓ璧ㄅㄧˋ③，而ㄦˊ重ㄓㄨㄥˋ寸ㄘㄨㄣˋ之ㄓ陰ㄧㄣ，時ㄕˊ難ㄋㄢˊ得ㄉㄜˊ而ㄦˊ易ㄧˋ失ㄕ也ㄧㄝˇ。

注釋

①選自《淮南鴻烈集解》（中
　華書局 1989 年版）。標題
　為編者所加。寸陰，指極短
　的時間。寸，古代的計量單位。
　陰，光陰，時間。
②貴：認為很珍貴。
③璧：古代的一種玉器，扁平，圓形，中間有小孔。

文意

　　聖人並不認為直徑一尺的玉璧很珍
貴，而重視很短的一點時間，因為時間
很難得到，卻很容易失去。

機不可失，時不再來。時間是真正的無
價之寶。

古代計時工具

古人較為準確的計時工具有圭表、日晷、刻漏等。

圭表亦稱「土圭」，是通過測量日影的長度以定方向、節氣和時刻的天文儀器，包括兩部分：圭，平臥的尺；表，直立的標竿。

日晷亦稱「日規」，也是利用太陽的投影觀測時刻的工具，由晷盤和晷針組成。晷盤上有刻度，中央裝一根與盤面垂直的晷針。通過觀看晷針的影子落在晷盤上的位置確定時間。

刻漏，主要由漏壺和浮標組成，浮標上刻有表示時間的刻度。漏壺中水量變化會造成浮標上下移動，人們只需觀察壺口對應的浮標刻度就能讀取時間。

⑩雜詩十二首（節選）①

〔晉〕 陶淵明

盛年②不重③來，

一日難再晨。

及時當勉勵，

歲月不待人。

①選自《陶淵明集箋注》（中
　華書局 2003 年版）。
②盛年：年輕、精力充沛的時候。
③重：重新。

文　意

　　年輕的時光不會重來，就像一天不
會有兩個早晨。我們應當及時地勉勵自
己，發憤圖強，因為時間不會等人。

　　我們不能掌控生命的長度，但是，如果
懂得珍惜時間，就可以大大增加生命的
寬度，讓我們的生命更有意義。

逝者如斯夫

「逝者如斯夫」出自《論語》。有一次，孔子站在河邊，看到河水不停的向前流去，不禁感歎道：「逝者如斯夫！不舍晝夜。」就是說時間就像這河水一樣，日夜不停的流逝，一去不復返，意在勉勵人們珍惜時間。南宋哲學家、教育家朱熹在所著《四書章句集注》中進一步解釋孔子的話，認為時光如流水，我們一定要抓緊時間，不斷學習。

克勤于邦　烝民乃粒

廬數在躬　廢中亢執

惡酒好言　九功由立

不伐不矜　振古莫及

禹

⑪ 惜（ㄒㄧ）分（ㄈㄣ）陰（ㄧㄣ）①

《晉書・陶侃傳》

大（ㄉㄚˋ）禹（ㄩˇ）聖（ㄕㄥˋ）者（ㄓㄜˇ），

乃（ㄋㄞˇ）惜（ㄒㄧ）寸（ㄘㄨㄣˋ）陰（ㄧㄣ）；

至（ㄓˋ）於（ㄩˊ）眾（ㄓㄨㄥˋ）人（ㄖㄣˊ）②，

當（ㄉㄤ）惜（ㄒㄧ）分（ㄈㄣ）陰（ㄧㄣ）。

◀〈夏禹王像〉〔宋〕馬麟

38

①選自《晉書》（中華書局 1974 年版）。標題為編者所加。
 分，古代的計量單位，十分為一寸。
②眾人：普通人。

　　　大禹是聖人， 尚且珍惜每一寸光陰； 我們這些普通人， 更當珍惜每一分光陰。

珍惜時間的人， 是勤奮自勵、 熱愛工作的人。 我們要學習古人， 分秒必爭， 努力學習。

瞬間

「瞬間」常用來形容時間極其短暫，出自古印度典籍《摩訶僧祇律》：一剎那者為一念，二十念為一瞬，二十瞬為一彈指，二十彈指為一羅預，二十羅預為一須臾，一日一夜為三十須臾。一晝夜等於24小時，有86400秒，由此可推算出：一須臾等於2880秒，一彈指等於7.2秒，一瞬等於0.36秒，一剎那只有0.018秒。

12 勸（ㄑㄩㄢˋ）學（ㄒㄩㄝˊ）①

〔唐〕顏真卿

三（ㄙㄢ）更（ㄍㄥ）燈（ㄉㄥ）火（ㄏㄨㄛˇ）五（ㄨˇ）更（ㄍㄥ）雞（ㄐㄧ）②，

正（ㄓㄥˋ）是（ㄕˋ）男（ㄋㄢˊ）兒（ㄦˊ）讀（ㄉㄨˊ）書（ㄕㄨ）時（ㄕˊ）。

黑（ㄏㄟ）髮（ㄈㄚˇ）③不（ㄅㄨˋ）知（ㄓ）勤（ㄑㄧㄣˊ）學（ㄒㄩㄝˊ）早（ㄗㄠˇ），

白（ㄅㄞˊ）首（ㄕㄡˇ）④方（ㄈㄤ）悔（ㄏㄨㄟˇ）讀（ㄉㄨˊ）書（ㄕㄨ）遲（ㄔˊ）。

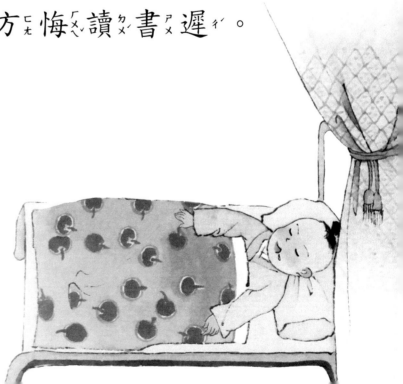

注 釋 ⋯⋯⋯⋯⋯⋯⋯⋯⋯⋯⋯⋯⋯⋯⋯⋯⋯⋯⋯⋯⋯⋯⋯⋯⋯⋯⋯⋯⋯

①選自《古今勸學詩選講》（貴州人民出版社 1984 年版）。
②雞：公雞打鳴。
③黑髮：指人年輕的時候。
④白首：白頭，指人年老的時候。

文 意 ⋯⋯⋯⋯⋯⋯⋯⋯⋯⋯⋯⋯⋯⋯⋯⋯⋯⋯⋯⋯⋯⋯⋯⋯⋯⋯⋯⋯⋯

　　半夜三更、五更雞鳴，正是男兒讀書的好時光。年輕的時候，不知道要早早抓緊時間刻苦攻讀，等年紀大了再後悔就已經遲了。

「少小不努力，老大徒傷悲。」小的時候，要自覺抓緊時間，多讀書，多積累知識，長大了，才能夠有所成就，有所貢獻。

五更

　　古人把從黃昏到拂曉的一夜時間分為一更、二更、三更、四更、五更五個時間段。一更是夜晚七點到九點，二更是九點到十一點，三更是十一點到次日凌晨一點，四更是一點到三點，五更是三點到五點。由於夜間採用擊鼓方式報更，因此五更又稱「五鼓」。報更的鼓聲也成為人們判斷夜晚時間的一個重要信號。蘇軾就有「默坐數更鼓」的詩句。

行知園

口能誦

我會背：盛年不重來……

我會背：聖人不貴尺之璧……

我會背：大禹聖者……

我會背：三更燈火五更雞……

學而思

1. 猜一猜：最快又最慢，最長又最短，最平凡又最珍貴，最易被人忽視又最難得到的是什麼？

2. 讀一讀。

愚蠢者——等待時間	聰明者——利用時間
懶惰者——喪失時間	勤奮者——珍惜時間
無為者——放棄時間	有志者——贏得時間
閒聊者——消磨時間	求知者——抓緊時間
糊塗者——糟蹋時間	好學者——創造時間

行且勉

收集你所敬佩的人珍惜時間、熱愛工作的故事，說一說你的感想。

第四單元

過能改

　　人在一生中難免會犯錯，發現錯誤並不難，有時來自別人的提醒，有時來自自我的反思。能勇於承認自己的錯誤，承擔錯誤造成的後果，彌補錯誤帶來的損失，並不再犯同類錯誤，是一種可貴的品質，表現出一個人的文明素養。

⑬ 知ㄓ 過ㄍㄨㄛˋ 即ㄐㄧˊ 改ㄍㄞˇ ①

《左傳 ‧ 宣公二年》

人ㄖㄣˊ 誰ㄕㄟˊ 無ㄨˊ 過ㄍㄨㄛˋ，過ㄍㄨㄛˋ 而ㄦˊ

能ㄋㄥˊ 改ㄍㄞˇ， 善ㄕㄢˋ 莫ㄇㄛˋ 大ㄉㄚˋ 焉ㄧㄢ。

注 釋

①選自《春秋左傳注》（中華書局 1981 年版）。
標題為編者所加。過，過失，過錯。

文 意

人哪有不犯錯誤的呢？ 犯了錯誤能自覺改正， 沒有比這更好的了。

改正錯誤的過程就是取得進步的過程。

家書和家訓

家書，是指家庭成員間彼此往來的信件。在電報、電話、網路普及之前，家書是傳遞親人消息、維繫家人情感的重要方式，其中蘊含著濃濃的親情。著名的家書有〈誡子書〉《曾國藩家書》等。

家訓，指的是祖輩為子孫立身處世、持家治業而寫的教誨、訓導之辭，是古代家庭教育的重要形式，也是中華傳統文化的重要組成部分，對維護家庭穩定、家族秩序、家風傳承，以及社會的穩定發展都起到了積極作用。著名的家訓有《顏氏家訓》《朱子家訓》等。

⓮ 擇（ㄗㄜˊ）善（ㄕㄢˋ）而（ㄦˊ）從（ㄘㄨㄥˊ）①

《論語・述而》

子（ㄗˇ）曰（ㄩㄝ）：「三（ㄙㄢ）人（ㄖㄣˊ）② 行（ㄒㄧㄥˊ），必（ㄅㄧˋ）有（ㄧㄡˇ）我（ㄨㄛˇ）師（ㄕ）焉（ㄧㄢ）。擇（ㄗㄜˊ）其（ㄑㄧˊ）善（ㄕㄢˋ）者（ㄓㄜˇ）而（ㄦˊ）從（ㄘㄨㄥˊ）③ 之（ㄓ），其（ㄑㄧˊ）不（ㄅㄨˋ）善（ㄕㄢˋ）者（ㄓㄜˇ）而（ㄦˊ）改（ㄍㄞˇ）之（ㄓ）。」

注釋

①選自《四書章句集注》（中華書局 1983 年版）。標題為
　編者所加。善，美好。
②三人：這裡泛指多人。
③從：跟從，學習。

文意

　　孔子說：「幾個人同行，其中一定
有能做我老師的人。選擇他的優點向他
學習，發現他的缺點就引以為戒。」

人們常常容易發現他人的不足，所以應
該把他人的不足當作鏡子，時時照照自
己，提醒自己；同時，更要善於發現他
人的優點，向他人學習，完善自己。

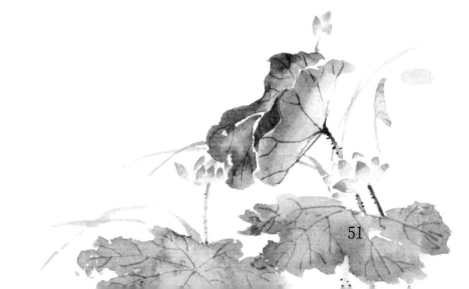

〈命子遷〉

　　〈命子遷〉是漢武帝時太史令司馬談在死前囑咐兒子司馬遷的家訓。司馬談一生的志願，就是撰寫一部史書，將歷史上發生的重要事情記錄下來，讓後人知道。司馬談告誡司馬遷，繼承父輩的遺志，完成父輩未竟的事業，是做兒子的「大孝」。司馬遷沒有辜負父親的期望，寫出了被譽為「史家之絕唱，無韻之離騷」的《史記》。

⑮ 不ㄅㄨˊ貳ㄦˋ過ㄍㄨㄛˋ①

《論語 · 雍也》

哀ㄞ公ㄍㄨㄥ② 問ㄨㄣˋ：「弟ㄉㄧˋ子ㄗˇ孰ㄕㄨˊ③ 為ㄨㄟˊ好ㄏㄠˋ學ㄒㄩㄝˊ？」孔ㄎㄨㄥˇ子ㄗˇ對ㄉㄨㄟˋ曰ㄩㄝ：「有ㄧㄡˇ 顏ㄧㄢˊ回ㄏㄨㄟˊ者ㄓㄜˇ好ㄏㄠˋ學ㄒㄩㄝˊ，不ㄅㄨˊ遷ㄑㄧㄢ④ 怒ㄋㄨˋ， 不ㄅㄨˊ貳ㄦˋ過ㄍㄨㄛˋ。」

▼〈聖跡之圖 · 退修詩書〉（局部）〔明〕佚名

①選自《四書章句集注》（中華書局1983年版）。標題為
　編者所加。貳，重複，再次。
②哀公：魯國國君。
③孰：誰。
④遷：轉移。

　　魯哀公問孔子：「你的學生裡面誰
最好學？」孔子回答說：「有個叫顏回
的學生稱得上好學，他從不把怨氣轉移
到別人身上，也從不犯同樣的錯誤。」

犯了錯誤不遷怒，承擔責任不推卸，是
對待錯誤的基本態度。

〈誡子書〉

　　〈誡子書〉是諸葛亮寫給兒子諸葛瞻的一封家書。在這封家書裡，諸葛亮殷切的告誡諸葛瞻，為人絕不能浮躁，要沉下心來，為實現人生目標而認真學習。〈誡子書〉中「非淡泊無以明志，非寧靜無以致遠」等句子，膾炙人口，流傳千古。

⑯有ㄧㄡˇ則ㄗㄜˊ改ㄍㄞˇ之ㄓ，無ㄨˊ則ㄗㄜˊ加ㄐㄧㄚ勉ㄇㄧㄢˇ①

〔宋〕朱熹

曾ㄗㄥ子ㄗˇ②以ㄧˇ此ㄘˇ三ㄙㄢ者ㄓㄜˇ日ㄖˋ省ㄒㄧㄥˇ其ㄑㄧˊ身ㄕㄣ③，有ㄧㄡˇ則ㄗㄜˊ改ㄍㄞˇ之ㄓ，無ㄨˊ則ㄗㄜˊ加ㄐㄧㄚ勉ㄇㄧㄢˇ，其ㄑㄧˊ自ㄗˋ治ㄓˋ④誠ㄔㄥˊ切ㄑㄧㄝˋ⑤如ㄖㄨˊ此ㄘˇ，可ㄎㄜˇ謂ㄨㄟˋ得ㄉㄜˊ為ㄨㄟˊ學ㄒㄩㄝˊ之ㄓ本ㄅㄣˇ矣ㄧˇ。

注 釋

①選自《四書章句集注》（中華書局 1983 年版）。標題為
　編者所加。勉，戒勉。
②曾子：曾參，孔子的學生。
③以此三者日省其身：曾子曾說：「吾日三省吾身：為人
　謀而不忠乎？與朋友交而不信乎？傳不習乎？」即曾子
　每天從忠、信、習三個方面反省自己。
④自治：自我修養。
⑤切：嚴格。

文 意

　　　　曾子每天都從忠、信、習這
三個方面反省自己，如果有錯誤
就改正，沒有錯誤就多加自勉。
他的自我修養是這樣認真嚴格，
可以說是掌握了做學問的根本。

每晚臨睡前，反省自己一天的學
習、工作、生活，這應該成為我
們的功課。堅持下去，我們就能
取得更大的進步。

你知道嗎

《顏氏家訓》

　　《顏氏家訓》的作者顏之推，是南北朝時期著名的文學家、教育家。這部家訓共二十篇，主要內容為強調學習應以儒學為主，奉勸子弟以讀書為立身之本，規定父子、兄弟、夫妻、朋友之間的相處之道等。它是中國歷史上較早的一部內容豐富、體系宏大的家訓，同時也是一部學術著作，在儒學、佛學、文學、歷史、民俗、社會、倫理等方面都提出了獨到的見解。

⓱ 改過之人①

〔清〕陸世儀

改過之人，如天氣新晴一般，自家② 固自灑然③，人見之，亦分外可喜。

注 釋

①選自《陸桴亭思辨錄輯要》（商務印書館 1936 年版）。
　標題為編者所加。陸世儀，晚年號桴亭。
②自家：自己。
③灑然：暢快的樣子。

文 意

改正了錯誤的人，像雨後初晴的天空一樣，他自己當然會感到輕鬆暢快，別人看了，也覺得特別愉快。

改正錯誤，丟掉包袱，才能感到每天的太陽都是新的。

60

《朱子家訓》

　　《朱子家訓》又名《朱子治家格言》，作者朱柏廬是明末清初時期著名理學家、教育家。朱柏廬用名言警句的形式告誡子孫，要勤儉持家、安分守己。這部家訓可以口頭傳授，也可以寫成對聯條幅掛在大門、廳堂和居室，作為治理家庭和教育子女的座右銘。因此，該家訓自問世以來流傳很廣，在清朝至民國年間一度成為童蒙必讀的課本之一。

行知園

我會背：人誰無過……

我會背：三人行……

我會背：
不遷怒……

我會背：
有則改之……

我會背：
改過之人……

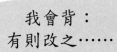

學而思

你能將下面歷史人物和他們的名言用線連起來嗎？

孔子   有則改之，無則加勉。

朱熹   擇其善者而從之，其不善者而改之。

行且勉

1. 知錯就改才是好孩子，你在生活中是怎麼做的呢？和大家說一說吧！

我會主動向
媽媽認錯！

我會用行動
來彌補！

2. 古代很多賢德的人都能知錯就改，與大家友善相處，成為大家喜歡
   的人，你能說一說他們的故事嗎？

第五單元

勤（ㄑㄧㄣ）且（ㄑㄧㄝ）儉（ㄐㄧㄢ）

富（ㄈㄨ）強（ㄑㄧㄤ）由（ㄧㄡ）勤（ㄑㄧㄣ）儉（ㄐㄧㄢ）做（ㄗㄨㄛ）起（ㄑㄧ），幸（ㄒㄧㄥ）福（ㄈㄨ）從（ㄘㄨㄥ）奮（ㄈㄣ）鬥（ㄉㄡ）得（ㄉㄜ）來（ㄌㄞ）。勤（ㄑㄧㄣ）勞（ㄌㄠ）節（ㄐㄧㄝ）儉（ㄐㄧㄢ）是（ㄕ）中（ㄓㄨㄥ）華（ㄏㄨㄚ）民（ㄇㄧㄣ）族（ㄗㄨ）的傳（ㄔㄨㄢ）統（ㄊㄨㄥ）美（ㄇㄟ）德（ㄉㄜ）。我（ㄨㄛ）們（ㄇㄣ）要（ㄧㄠ）幫（ㄅㄤ）忙（ㄇㄤ）做（ㄗㄨㄛ）家（ㄐㄧㄚ）事（ㄕ），不（ㄅㄨ）偷（ㄊㄡ）懶（ㄌㄢ），講（ㄐㄧㄤ）節（ㄐㄧㄝ）約（ㄩㄝ），不（ㄅㄨ）浪（ㄌㄤ）費（ㄈㄟ），做（ㄗㄨㄛ）有（ㄧㄡ）文（ㄨㄣ）化（ㄏㄨㄚ）教（ㄐㄧㄠ）養（ㄧㄤ）的現（ㄒㄧㄢ）代（ㄉㄞ）人（ㄖㄣ）。

⑱ 一生之計在於勤①

《增廣賢文》

一年之計在於春，

一日之計在於寅②。

一家之計在於和③，

一生之計在於勤。

注 釋

①選自《增廣賢文》（中華書局 2013 年版）。標題為編者
　所加。計，計畫，打算。
②寅：寅時，指凌晨 3 至 5 點。
③和：和睦，團結。

文 意

　　一年的計畫，要在春天安排好。一
天的計畫，要在凌晨想好。一個家的興
旺，在於和睦、團結。而落實一生的計
畫，在於勤奮。

　　成功出自勤奮。聰明的人會及早規劃好
自己的人生，朝著既定目標奮勇前進，
讓自己的生命有價值、有亮度。

「財」字與貝殼

　　「財」是形聲字，左邊「貝」表意義，右邊「才」表讀音。

　　「財」的左邊為什麼是「貝」呢？古時候，交通不夠便利，居住在中原的人，把從海邊帶回的貝殼當作寶貝，用貝殼作「錢」。夏商時期，「貝」就已用作貨幣，從此「貝」就成為世界上最早的貨幣，也是財富的象徵。

⑲少ㄕㄠˇ時ㄕˊ須ㄒㄩ勤ㄑㄧㄣˊ①

《白兔記 · 牧牛》

春ㄔㄨㄣ若ㄖㄨㄛˋ② 不ㄅㄨˋ耕ㄍㄥ，秋ㄑㄧㄡ無ㄨˊ所ㄙㄨㄛˇ望ㄨㄤˋ。

寅ㄧㄣˊ若ㄖㄨㄛˋ不ㄅㄨˋ起ㄑㄧˇ，日ㄖˋ無ㄨˊ所ㄙㄨㄛˇ辦ㄅㄢˋ③ 。

少ㄕㄠˇ若ㄖㄨㄛˋ不ㄅㄨˋ勤ㄑㄧㄣˊ，老ㄌㄠˇ無ㄨˊ所ㄙㄨㄛˇ歸ㄍㄨㄟ④ 。

▼〈九州無事樂耕耘〉徐悲鴻

注　釋 ....

①選自《六十種曲》（中華書局 1958 年版）。標題為編者
　所加。
②若：如果。
③辦：做事情。
④歸：結局，歸宿。

文　意 ....

　　如果春天不辛勤耕種，就別指望秋
天有收穫。如果不早起，一天就做不了
多少事情。年少的時候如果不勤奮，老
了恐怕沒有什麼好的結局。

勤奮的人，是時間的主人。偉大與智
慧，都是勤奮給予的獎賞。

春耕的習俗

「民以食為天」，農業在古代非常重要。那時人們是按天時來播種和收穫，一年四季之中，「春耕、夏耘、秋收、冬藏」。立春過後，春耕即將開始，在中國一些地區一直傳承著試犁的習俗，即把耕田用的農具——犁套在耕牛身上，人扶著犁試耕。試犁喻示著開春了，不要錯過耕種的好時機。在古代，皇帝參加春耕還是一項國家典禮，稱作「親耕」，以表示天子鼓勵農業生產，祈求豐年。

⑳物ㄨˋ來ㄌㄞˊ不ㄅㄨˋ易ㄧˋ①

〔清〕朱柏廬

一ㄧˋ粥ㄓㄡ一ㄧˋ飯ㄈㄢˋ，

當ㄉㄤ思ㄙ來ㄌㄞˊ處ㄔㄨˋ不ㄅㄨˋ易ㄧˋ。

半ㄅㄢˋ絲ㄙ半ㄅㄢˋ縷ㄌㄩˇ，

恒ㄏㄥˊ念ㄋㄧㄢˋ②物ㄨˋ力ㄌㄧˋ③維ㄨㄟˊ艱ㄐㄧㄢ④。

①選自《朱子家訓》（中州古籍出版社 1995 年版）。標題
　為編者所加。
②恒念：經常想想。
③物力：可供使用的全部物資。
④維艱：艱難。

文　意

　　　　即使是一碗粥、一碗飯，也應當想想它來得不容易；即使是半根絲、半根線，也要常想到得到這些東西的艱辛。

懂得珍惜，做到節儉，是對他人勞動成果的尊重，也是對勞動者的尊重。

節用

「節用」是春秋時期思想家墨子的觀點。什麼是「節用」呢？在墨子看來，一個國家若要治理得好，就必須減少浪費。他看到當時的王公貴族剝削百姓，搜刮民眾的財產，過著奢侈豪華的生活；可是百姓卻終日要為衣食擔憂，不得溫飽。墨子認為這樣的國家，肯定不能治理好。他因此提出「節用」，認為將有限的財富用到值得用的地方，不去揮霍浪費，國家才有長治久安的希望。

㉑訓(ㄒㄩㄣˋ)儉(ㄐㄧㄢˇ)示(ㄕˋ)康(ㄎㄤ)

（節(ㄐㄧㄝˊ)選(ㄒㄩㄢˇ)）①

〔宋〕司馬光

由(ㄧㄡˊ)儉(ㄐㄧㄢˇ)入(ㄖㄨˋ)奢(ㄕㄜ)②易(ㄧˋ)，

由(ㄧㄡˊ)奢(ㄕㄜ)入(ㄖㄨˋ)儉(ㄐㄧㄢˇ)難(ㄋㄢˊ)。

①選自《司馬光集》（四川大學出版社2010年版）。康，
　司馬光的兒子司馬康。
②奢：奢侈。

　　從儉樸的生活進入到奢侈的生活很
容易，而從奢侈的生活轉換到儉樸的生
活卻很難。

節約光榮，浪費可恥。人人都應養成節
儉樸素的好習慣。

▲齊白石書畫作品

75

蘇軾房梁掛錢

　　蘇軾是北宋文學家、書畫家，號東坡居士。宋神宗元豐三年（1080年），蘇軾被降職貶往黃州（今湖北黃岡），一家人生活艱難，節儉度日。為了不亂花一文錢，蘇軾實行計畫開支：每月初將一個月的生活費用平均分成三十份，分掛在房梁上，每天清晨用叉子取下一份，作為全天的生活開支，不准超支，只准剩餘。當日盈餘的錢則丟進另行準備的一個大竹筒中存起來，用來招待賓客。

㉒克勤克儉①

《尚書‧大禹謨》

克勤於邦②，克儉於家。

77

①選自《尚書正義》（北京大學出版社 1999 年版）。標題為編者所加。克，能夠。
②邦：國家。

　　能夠辛勤的為國家效力， 能夠節儉的操持家務。

有句名言說「歷覽前賢國與家， 成由勤儉破由奢。 」從小養成勤勞節約的好習慣， 對治國理家是非常重要的。

季文子以節儉為榮

　　季文子是春秋時期魯國的上卿（地位很高的大臣），但生活非常儉樸。有個叫仲孫它（同「佗」）的人對季文子說：「你身為上卿，但聽說你不准家人穿絲綢衣服，不用糧食餵馬，你自己也不注重衣著，這樣不是顯得太寒酸了嗎？也有損我們國家的體面。」季文子聽後淡然一笑：「魯國還有許多百姓穿著破舊不堪的衣服，吃著難以下嚥的粗食。想到這些，我就不忍心穿華美的衣服、浪費糧食餵牲畜。我只聽說一個國家的光榮，是通過臣民高潔的品行體現出來的，並不是他們的衣著和車駕。」

口能誦

我會背：
一年之計在於春……

我會背：
春若不耕……

我會背：
由儉入奢易……

我會背：
克勤於邦……

我會背：
一粥一飯……

想一想，算一算，把自己一個學期需要用的學習、生活用品數量填在下面的表格中。

種類	數量
鉛筆	
橡皮擦	
作業本	

行且勉

根據對自己一個學期所需學習、生活用品數量的統計，你覺得可以在哪些方面再節儉一點呢？你該怎麼做呢？說給爸爸、媽媽聽。

第六單元

赤子心

孩童時期純真善良的心，古人稱為「赤子心」。放開手腳，盡情嬉戲；放飛心靈，快樂無比。用好奇的雙眼去觀察生活，用豐富的想像去認識世界，無論身處何方，都能享受自由時光；即使年逾古稀，也能保有一顆赤子之心。

㉓池上二絕（其二）①

〔唐〕白居易

小娃撐小艇②，
偷採白蓮回。
不解③藏蹤跡，
浮萍④一道開。

①選自《全唐詩》（中華書局 1999 年版）。
②小艇：小船。
③不解：不知道。
④浮萍：一種水生植物，浮在水面。

 文 意

　　小孩子撐著輕快的小船，偷偷的採摘白蓮花回來玩。他們不知道掩藏自己的蹤跡，在水面的浮萍上，留下了小船划開的一條水路。

淘氣的冒險，得勝的笑容，不懂掩藏而留下的那一抹水痕，寫盡了小童頑皮天真的情態，也溢滿了無限憐愛。

盪ㄉㄤ鞦ㄑㄡ韆ㄑㄢ

　　「盪ㄉㄤ鞦ㄑㄡ韆ㄑㄢ，盪ㄉㄤ鞦ㄑㄡ韆ㄑㄢ，一一盪盪ㄉㄤ過柳ㄌㄧㄡ樹ㄕㄨ梢ㄕㄠ，摘ㄓㄞ朵ㄉㄨㄛ白ㄅㄞ雲ㄩㄣ懷ㄏㄨㄞ中ㄓㄨㄥ抱ㄅㄠ，送ㄙㄨㄥ給ㄍㄟ爺ㄧㄝ爺ㄧㄝ把ㄅㄚ背ㄅㄟ靠ㄎㄠ。」你ㄋㄧ知ㄓ道ㄉㄠ嗎ㄇㄚ？盪ㄉㄤ鞦ㄑㄡ韆ㄑㄢ其ㄑㄧ實ㄕ是ㄕ一一項ㄒㄧㄤ古ㄍㄨ老ㄌㄠ的ㄉㄜ體ㄊㄧ育ㄩ運ㄩㄣ動ㄉㄨㄥ，唐ㄊㄤ代ㄉㄞ鞦ㄑㄡ韆ㄑㄢ就ㄐㄧㄡ已ㄧ經ㄐㄧㄥ十ㄕ分ㄈㄣ流ㄌㄧㄡ行ㄒㄧㄥ。詩ㄕ人ㄖㄣ杜ㄉㄨ甫ㄈㄨ就ㄐㄧㄡ有ㄧㄡ「萬ㄨㄢ里ㄌㄧ鞦ㄑㄡ韆ㄑㄢ習ㄒㄧ俗ㄙㄨ同ㄊㄨㄥ」的ㄉㄜ詩ㄕ句ㄐㄩ。唐ㄊㄤ玄ㄒㄩㄢ宗ㄗㄨㄥ則ㄗㄜ將ㄐㄧㄤ飄ㄆㄧㄠ盪ㄉㄤ飛ㄈㄟ翔ㄒㄧㄤ的ㄉㄜ鞦ㄑㄡ韆ㄑㄢ運ㄩㄣ動ㄉㄨㄥ稱ㄔㄥ為ㄨㄟ「半ㄅㄢ仙ㄒㄧㄢ之ㄓ戲ㄒㄧ」。鞦ㄑㄡ韆ㄑㄢ活ㄏㄨㄛ動ㄉㄨㄥ的ㄉㄜ形ㄒㄧㄥ式ㄕ十ㄕ分ㄈㄣ豐ㄈㄥ富ㄈㄨ，可ㄎㄜ以ㄧ單ㄉㄢ人ㄖㄣ、雙ㄕㄨㄤ人ㄖㄣ，甚ㄕㄣ至ㄓ多ㄉㄨㄛ人ㄖㄣ一一起ㄑㄧ玩ㄨㄢ，常ㄔㄤ見ㄐㄧㄢ的ㄉㄜ是ㄕ立ㄌㄧ式ㄕ鞦ㄑㄡ韆ㄑㄢ、帶ㄉㄞ人ㄖㄣ鞦ㄑㄡ韆ㄑㄢ、送ㄙㄨㄥ鞦ㄑㄡ韆ㄑㄢ等ㄉㄥ。由ㄧㄡ於ㄩ鞦ㄑㄡ韆ㄑㄢ易ㄧ學ㄒㄩㄝ易ㄧ行ㄒㄧㄥ，因ㄧㄣ此ㄘ流ㄌㄧㄡ行ㄒㄧㄥ範ㄈㄢ圍ㄨㄟ十ㄕ分ㄈㄣ廣ㄍㄨㄤ泛ㄈㄢ，除ㄔㄨ漢ㄏㄢ族ㄗㄨ外ㄨㄞ，很ㄏㄣ多ㄉㄨㄛ少ㄕㄠ數ㄕㄨ民ㄇㄧㄣ族ㄗㄨ都ㄉㄡ有ㄧㄡ盪ㄉㄤ鞦ㄑㄡ韆ㄑㄢ的ㄉㄜ傳ㄔㄨㄢ統ㄊㄨㄥ，並ㄅㄧㄥ且ㄑㄧㄝ獨ㄉㄨ具ㄐㄩ特ㄊㄜ色ㄙㄜ。如ㄖㄨ今ㄐㄧㄣ，盪ㄉㄤ鞦ㄑㄡ韆ㄑㄢ已ㄧ經ㄐㄧㄥ成ㄔㄥ為ㄨㄟ全ㄑㄩㄢ國ㄍㄨㄛ少ㄕㄠ數ㄕㄨ民ㄇㄧㄣ族ㄗㄨ體ㄊㄧ育ㄩ運ㄩㄣ動ㄉㄨㄥ會ㄏㄨㄟ的ㄉㄜ比ㄅㄧ賽ㄙㄞ專ㄓㄨㄢ案ㄢ。

24 小兒垂釣①

〔唐〕胡令能

蓬頭稚子②學垂綸③，
側坐莓苔④草映⑤身。
路人借問遙招手，
怕得魚驚不應人。

文　意

　　一個頭髮蓬亂的小孩，在池塘邊學釣魚。他側坐在青苔上，身體掩映在草叢中。路過的行人向他問路，他怕驚跑了魚兒，只是遠遠的擺擺手，一聲也不敢答應。

玩，要玩得開心；玩，要玩得盡興，對於誰的打擾也不願分心。這就是童年的快樂。

踏青

「歲歲春草生，踏青二三月。」清明節前後，春風輕輕的撫摸著大地，柳條抽出嫩芽，在風中舒展著筋骨。青青的小草，探出腦袋，驚喜的張望著這個熱鬧的世界。成群的燕子飛舞著，快樂的唱著歌。人們滿懷喜悅，約上親人或朋友，到郊外遊玩，享受和煦的春風，迎接新的開始。這就叫作「踏青」。

㉕古ㄍㄨˇ朗ㄌㄤˇ月ㄩㄝˋ行ㄒㄧㄥˊ（節ㄐㄧㄝˊ選ㄒㄩㄢˇ）①

〔唐〕李白

小ㄒㄧㄠˇ時ㄕˊ不ㄅㄨˋ識ㄕˋ月ㄩㄝˋ，

呼ㄏㄨ作ㄗㄨㄛˋ白ㄅㄞˊ玉ㄩˋ盤ㄆㄢˊ②。

又ㄧㄡˋ疑ㄧˊ瑤ㄧㄠˊ臺ㄊㄞˊ③鏡ㄐㄧㄥˋ，

飛ㄈㄟ在ㄗㄞˋ白ㄅㄞˊ雲ㄩㄣˊ端ㄉㄨㄢ。

注　釋

①選自《全唐詩》（中華書局 1999 年版）。
②白玉盤：像白玉一樣光潔的圓盤。
③瑤臺：傳說中神仙居住的地方。

文　意

　　　　小的時候不認識月亮，　把它叫作白玉盤。　又懷疑它是神仙家裡的鏡子，　飛了出來，　掛在高高的夜空。

自由的想像是人類創新的源泉。　看到月亮，　想到白玉盤，　想到瑤臺鏡，　還可以想到什麼呢？　一個人的想像力越豐富，他的創造力就越強。

抖ㄉㄡˇ空ㄎㄨㄥ竹ㄓㄨˊ

　　空ㄎㄨㄥ竹ㄓㄨˊ，在ㄗㄞˋ古ㄍㄨˇ時ㄕˊ候ㄏㄡˋ又ㄧㄡˋ叫ㄐㄧㄠˋ「空ㄎㄨㄥ鐘ㄓㄨㄥ」。抖ㄉㄡˇ空ㄎㄨㄥ竹ㄓㄨˊ，又ㄧㄡˋ叫ㄐㄧㄠˋ「抖ㄉㄡˇ嗡ㄨㄥ」「抖ㄉㄡˇ地ㄉㄧˋ鈴ㄌㄧㄥˊ」「扯ㄔㄜˇ鈴ㄌㄧㄥˊ」。空ㄎㄨㄥ竹ㄓㄨˊ一ㄧˋ般ㄅㄢ為ㄨㄟˊ木ㄇㄨˋ質ㄓˊ或ㄏㄨㄛˋ竹ㄓㄨˊ質ㄓˊ，中ㄓㄨㄥ空ㄎㄨㄥ，因ㄧㄣ而ㄦˊ得ㄉㄜˊ名ㄇㄧㄥˊ。空ㄎㄨㄥ竹ㄓㄨˊ是ㄕˋ兩ㄌㄧㄤˇ個ㄍㄜˋ圓ㄩㄢˊ盤ㄆㄢˊ，中ㄓㄨㄥ間ㄐㄧㄢ有ㄧㄡˇ一ㄧˊ個ㄍㄜˋ木ㄇㄨˋ軸ㄓㄡˊ連ㄌㄧㄢˊ接ㄐㄧㄝ，用ㄩㄥˋ竹ㄓㄨˊ棍ㄍㄨㄣˋ繫ㄒㄧˋ繩ㄕㄥˊ纏ㄔㄢˊ繞ㄖㄠˋ木ㄇㄨˋ軸ㄓㄡˊ，手ㄕㄡˇ握ㄨㄛˋ竹ㄓㄨˊ棍ㄍㄨㄣˋ拉ㄌㄚ拽ㄓㄨㄞˋ、抖ㄉㄡˇ動ㄉㄨㄥˋ繩ㄕㄥˊ子ㄗ，使ㄕˇ空ㄎㄨㄥ竹ㄓㄨˊ在ㄗㄞˋ繩ㄕㄥˊ子ㄗ上ㄕㄤˋ面ㄇㄧㄢˋ轉ㄓㄨㄢˇ動ㄉㄨㄥˋ。空ㄎㄨㄥ竹ㄓㄨˊ上ㄕㄤˋ有ㄧㄡˇ哨ㄕㄠˋ口ㄎㄡˇ，轉ㄓㄨㄢˇ動ㄉㄨㄥˋ時ㄕˊ會ㄏㄨㄟˋ發ㄈㄚ出ㄔㄨ嗡ㄨㄥ嗡ㄨㄥ的ㄉㄜ聲ㄕㄥ音ㄧㄣ。抖ㄉㄡˇ空ㄎㄨㄥ竹ㄓㄨˊ是ㄕˋ中ㄓㄨㄥ國ㄍㄨㄛˊ民ㄇㄧㄣˊ間ㄐㄧㄢ很ㄏㄣˇ受ㄕㄡˋ歡ㄏㄨㄢ迎ㄧㄥˊ的ㄉㄜ一ㄧˊ項ㄒㄧㄤˋ傳ㄔㄨㄢˊ統ㄊㄨㄥˇ健ㄐㄧㄢˋ身ㄕㄣ遊ㄧㄡˊ戲ㄒㄧˋ。逢ㄈㄥˊ年ㄋㄧㄢˊ過ㄍㄨㄛˋ節ㄐㄧㄝˊ，人ㄖㄣˊ們ㄇㄣ都ㄉㄡ喜ㄒㄧˇ歡ㄏㄨㄢ抖ㄉㄡˇ空ㄎㄨㄥ竹ㄓㄨˊ，並ㄅㄧㄥˋ能ㄋㄥˊ耍ㄕㄨㄚˇ出ㄔㄨ許ㄒㄩˇ多ㄉㄨㄛ花ㄏㄨㄚ樣ㄧㄤˋ。

26 春場（節選）①

《帝京景物略》

楊柳兒活②，抽陀螺。

楊柳兒青③，放空鐘。

楊柳兒死④，踢毽子。

楊柳發芽兒⑤，打柭兒⑥。

①選自《帝京景物略》（北京古籍出版社 1963 年版）。
②楊柳兒活：指早春季節。楊柳，泛指柳樹。
③楊柳兒青：指初夏。
④楊柳兒死：指冬天。
⑤楊柳發芽兒：指冬去春來。
⑥打柭兒：北方兒童玩的遊戲。柭，棒，木杖。

　　早春季節，柳樹抽芽，小朋友們開始抽陀螺玩。到了初夏，柳葉綠了，正是抖空竹的好時候。冬天來臨，柳樹的葉子掉光了，這時候踢毽子成為小朋友們最喜愛的活動。冬去春來，柳樹又開始發芽了，小朋友們出門打柭兒。

不同的季節，有不同的遊戲，不同的遊戲，有不同的快樂。快與小夥伴們分享你的快樂吧。

你知道嗎

放風箏

　　風箏，起源於中國，至今已有兩千多年的歷史了。相傳第一個風箏是魯班用竹子做的。後來，人們在細竹簽上糊上紙做成風箏，因而又叫「紙鳶」。五代時在紙鳶上繫上竹哨，風入竹哨，聲如箏鳴，故稱「風箏」。陽春三月，草長鶯飛，正是放風箏的好時節。在風和日麗的大自然中放風箏，既沐浴陽光，又放鬆心情、鍛鍊身體，非常有益於身心健康。

風箏組圖

㉗幼女詞①

〔唐〕施肩吾

幼女才六歲，

未知巧與拙②。

向③夜在堂前，

學人④拜新月⑤。

①選自《全唐詩》（中華書局 1999 年版）。幼女，指詩人
　的小女兒。
②未知巧與拙：不知道「巧」和「拙」。巧，靈巧。拙，笨拙。
③向：臨近。
④學人：模仿大人。
⑤拜新月：拜月乞巧。新月，初出的月亮。

　　我的小女兒才六歲，還不知道什麼是「巧」，什麼是「拙」。臨近夜晚的時候，她在堂前模仿大人的樣子拜月乞巧，天真而可愛！

父親眼中的女兒，永遠都是可愛的。何況模仿大人的樣子拜月乞巧，就更讓人忍俊不禁了。

七夕乞巧

　　農曆七月初七是中國的傳統節日——七夕節。在民間傳說中，七夕是牛郎織女相會的日子。由於織女是天帝之女，心靈手巧，聰慧過人，因此傳統習俗中，每年七夕之夜，姑娘們都會在庭院中向織女乞要巧智，祈求織女讓自己的心靈聰敏，雙手靈巧，紡織、刺繡等女紅技藝更加嫻熟、高超。因此七夕節又叫乞巧節。七夕乞巧的方式各地不盡相同，一般有穿針乞巧，剪窗花、剪紙樣、做些小物品賽巧，吃巧果，以及觀銀河、望牛郎織女星等。甘肅西和縣則因乞巧風俗講究，活動盛大，被譽為「中國乞巧文化之鄉」。

行知園

口能誦

我會背：蓬頭稚
子學垂綸……

我會背：
小時不識月……

我會背：小娃
撐小艇……

我會背：
楊柳兒活……

我會背：
幼女才六歲……

學而思

我們在遊戲中一定要注意安全喲。

我知道不能在馬路
上玩遊戲。

我知道……

我知道……

98

行且勉

　　校園是我們學習、生活的樂園。用畫筆把同學們快樂遊戲的時光畫下來，再拿給爸爸媽媽看吧！

A0601A01

朝讀經典 1：愛惜光陰

| 主　　編 | 馮天瑜 |
| 版權策劃 | 李　鋒 |

發 行 人	陳滿銘
總 經 理	梁錦興
總 編 輯	陳滿銘
副總編輯	張晏瑞
編 輯 所	萬卷樓圖書股份有限公司
特約編輯	王世晶
內頁編排	小　草
封面設計	小　草
印　　刷	維中科技有限公司

出　　版	昌明文化有限公司
	桃園市龜山區中原街 32 號
電　　話	(02)23216565
發　　行	萬卷樓圖書股份有限公司
	臺北市羅斯福路二段 41 號 6 樓
	之 3
電　　話	(02)23216565
傳　　真	(02)23218698
電　　郵	SERVICE@WANJUAN.COM.TW

| 大陸經銷 | 廈門外圖臺灣書店有限公司 |
| 電　　郵 | JKB188@188.COM |

ISBN 978-986-496-378-2
2018 年 8 月初版
定價：新臺幣 400 元

如何購買本書：

1. 劃撥購書，請透過以下帳號
　　帳號：15624015
　　戶名：萬卷樓圖書股份有限公司

2. 轉帳購書，請透過以下帳戶
　　合作金庫銀行古亭分行
　　戶名：萬卷樓圖書股份有限公司
　　帳號：0877717092596

3. 網路購書，請透過萬卷樓網站
　　網址 WWW.WANJUAN.COM.TW

大量購書，請直接聯繫，將有專人為
您服務。(02)23216565 分機 10
如有缺頁、破損或裝訂錯誤，請寄回
更換

國家圖書館出版品預行編目資料

朝讀經典 . 1：愛惜光陰 / 馮天瑜主編 . -- 初版 .
-- 桃園市：昌明文化出版；臺北市：萬卷樓發行,
2018.08
100 面；18.5x26 公分
ISBN 978-986-496-378-2(平裝)
1. 國文科 2. 漢學 3. 中小學教育
523.311　　　　　　　　　　107014416

本著作物經廈門墨客知識產權代理有限公司代理，由湖北人民出版社授權萬卷樓圖書股份有限公司
出版、發行中文繁體字版版權。